Carcajadas
para
Niños

CARCAJADAS

PARA

Niños

Isabel Iturbide

editores mexicanos unidos, s.a.

EMU

D. R. © Editores Mexicanos Unidos, S. A.
Luis González Obregón 5-B, Col. Centro,
Cuauhtémoc, 06020, D. F.
Tels. 55 21 88 70 al 74
Fax: 55 12 85 16
editmusa@prodigy.net.mx
www.editmusa.com.mx

Coordinación editorial: J. Antonio García Acevedo
Diseño de portada: Víctor Zarco Brito
Formación: Jorge Huerta Montes

Miembro de la Cámara Nacional
de la Industria Editorial. Reg. No. 115.

1a edición: febrero de 2005

2a reimpresión: mayo de 2007

ISBN 978-968-15-1367-2

Impreso en México
Printed in Mexico

CARCAJADAS

PARA

Niños

Era un chiste tan,
pero tan malo,
que le pegaba a los chistecitos.

—Oye, ¿tú sabes quién es el niño más bueno?
—No, ¿quién es?
—El hijo de Supermán.
—¿Por qué?
—¡Pues porque es super mancito!

Un hombre muy peludo va a consultar
a un médico y le pregunta:
—Y... dígame, doctor, ¿qué padezco?
—Pues... padece un osito.

Van dos globos paseando por el desierto cuando,
de repente, uno le dice al otro:
—¡Hey! ¡Cuidado con el cactus!
—¿Cuál cactusssssssssssssssssssss...?

La hija oveja le pregunta a su mamá oveja:
—Mami, ¿me dejas ir a la fiesta?
Y su mamá oveja le responde:
—Veeee..., veeee...

¿Por qué no pueden entrar dos elefantes
en un refrigerador?
Porque no saben abrir la puerta.

Una ratita iba caminando alegremente
por el parque y se encuentra a otra ratita
sentada en una banca y le pregunta:
—¿Qué haces, ratita?
—Espero un ratito.

Un mosquito:
—Mamá, mamá, déjame ir al teatro.
—Está bien, hijo, ve.
¡Pero cuidado con los aplausos!

Juanito le pregunta a Panchito:
—¿A poco tu perro sabe jugar al ajedrez?
—¡Claro!
—¿Y es bueno?
—No tanto. De cada diez partidos, le gano siete u ocho.

Luisito a Pedrito:
—Oye, ¿has visto alguna vez
a un elefante atrás de una flor?
—No.
—Pues qué bien se esconde, ¿no?

¿Cuál es el colmo de un fotógrafo?
No poder revelar sus secretos.

¿Cuál es el colmo de un electricista?
Que no le sigan la corriente.

¿Cuál es el colmo de un astronauta?
Que se queje de no tener espacio.

Se abre el telón y se ve un pelo
encima de una cama.
¿Cómo se llamó la obra?
El vello durmiente.

¿Por qué busca un gallego una caja
en un gimnasio?
Porque necesita una caja fuerte.

¿Por qué los gallegos se sientan en hielo?
Para hacer refresco de cola.

¿Por qué cuando los gallegos llaman por su
celular se quedan mudos con el teléfono en la
oreja?
Porque en telefonía celular, el que habla,
paga.

1er acto: Un cochinito despegando.
2do acto: Un cochinito volando.
3er acto: Un cochinito aterrizando.
¿Cómo se llamó la obra?
Aeropuerco.

1er acto: Está un rey en una biblioteca
y lee todos los libros que encuentra.
2do acto: El mismo rey pide que le traigan
todos los libros del palacio para leerlos.
3er acto: El rey lee todos los libros del reino.
¿Cómo se llamó la obra?
El rey león.

1ᵉʳ acto: Un llavero se encuentra
en un lugar apartado de la ciudad.
2ᵈᵒ acto: El mismo llavero se encuentra
en un lugar apartado de la ciudad.
3ᵉʳ acto: El mismo llavero se encuentra
en un lugar apartado de la ciudad.
¿Cómo se llamó la obra?
El llavero solitario.

¿Te cuento un chiste?
El burro está triste.
¿Te cuento un cuento?
El burro está contento.

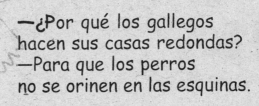

—¿Por qué los gallegos
hacen sus casas redondas?
—Para que los perros
no se orinen en las esquinas.

Un policía detiene a un borracho
en la carretera y le dice:
—¿Me da su permiso para conducir?
—Sí, claro, ¡conduzca, conduzca!

Llega el vampirito a su casa con la boca ensangrentada. Al verlo, su mamá le dice:
—¡Vampirito, pero qué banquetazo te diste!
Y el vampirito, llorando, contesta:
—Sí, y en el mero filito.

Una mamá a otra mamá:
—Al fin logré que mi hija dejara de morderse las uñas.
—¡Qué bien, Anita, ¿y cómo le hizo?
—¡La obligué a usar zapatos!

—¡Señora Cholina, señora Cholina, una aplanadora acaba de aplastar a su esposo...!
—¡Ay, Manolita, estoy bañándome, no sea malita, por favor pásemelo por debajo de la puerta!

Cuentan que durante la Revolución Francesa, cuando la guillotina no dejaba de trabajar, un conde fue decapitado. Su cabeza se fue rodando cuesta abajo y se detuvo a muy pocos centímetros de la orilla de un río. Entonces la cabeza exclamó:
—¡Cielos! ¡Qué barbaridad, por poco y también me ahogo!

Un cliente entró a una peluquería y pidió que lo rasuraran. Al ver que las manos del peluquero estaban llenas de mugre, le preguntó:

—Oiga, ¿por qué tiene las manos tan sucias?

—Es que todavía no hago ningún champú, señor...

Un par de enamorados sostenían este diálogo:

Ella: —¿Me quieres con toda tu alma y todo tu corazón?

Él: —¡Ajá!

Ella: —¿Verdad que soy la más bella del mundo?

Él: —¡Ajá!

Ella: —¿Y que mis labios parecen pétalos de rosa?

Él: —¡Ajá!

Ella: —¡Ay, mi vida, qué cosas tan hermosas dices!

Un doctor le preguntó a su nuevo paciente si antes había ido a ver a otro médico para consultarle sobre sus males.

—No, doctor, solamente fui a ver al boticario.

—Vaya, respondió el médico un tanto molesto. ¿Y qué estúpido consejo le pudo haber dado el boticario?

—Pues me dijo que viniera a verlo a usted, doctor...

Una señora fue mordida por un perro rabioso y parecía que iba a morir, pues la vacuna antirrábica no surtió efecto. El médico que la atendía le aconsejó que hiciera su testamento y le facilitó papel y una pluma.

El tiempo pasaba y la señora no paraba de escribir.

Desesperado, el doctor le dijo:

—Señora, está usted haciendo un testamento demasiado largo.

—¡Qué testamento ni qué ocho cuartos! Estoy haciendo una lista de las personas a las que voy a morder.

He escuchado infinidad de historias de gente tacaña, pero ninguna tan significativa como ésta: "Hubo una vez un hombre tan tacaño, pero tan tacaño, que le daba un peso a su pequeña hija con tal de que no cenara. Más tarde, cuando la niña se encontraba dormida, le quitaba el peso sin que ella se diera cuenta. Y, al día siguiente, la castigaba dejándola sin desayuno por haber perdido el peso..."

La mamá caníbal le mostró a su hijo un avión de pasajeros que en esos momentos surcaba el cielo:
—¿Qué es eso, mamá? —preguntó el niño.
—Es algo así como una langosta, cariño —contestó la mamá—. ¡Sólo se come lo de adentro!

Paco era un jovencito muy tímido y su novia estaba realmente ansiosa de que le diera su primer beso. Una tarde, Paco le llevó un ramo de flores. Su novia, sumamente emocionada, lo abrazó con fuerza y lo besó en la boca.
Casi de inmediato, Paco se separó de ella y se dirigió a la puerta.
—¡Perdóname, Paco, no fue mi intención ofenderte! —se disculpó su novia.
—Si no me has ofendido —le contestó Paco rebosando de alegría—, ¡es que voy por más flores!

Aunque no lo crean, la mujer tiene una verdadera pasión por las matemáticas:
Para empezar, le resta varios años a su edad; luego multiplica por tres el salario de su marido y, para terminar, le suma cinco años a la edad de su mejor amiga...

Eduardo se dirigió a un grupo de amigas y les dijo: —Les quiero presentar a un compañero.
—¿En qué negocio está? —preguntó la ejecutiva.
—¿Qué libros ha leído? —preguntó la intelectual.
—¿Es rico? —preguntó la vedette.
—¿Es de buena familia? —preguntó la aristócrata.
—¿Es militar? —preguntó la hija del coronel.
—¿Dónde, dónde está? —preguntó la solterona.

El niño: —Papá, ¡me quiero casar!
El papá: —¡Muy bien, hijo, ¿y con quién te quieres casar?
El niño: —Con mi abuelita.
El papá: —¡Un momentito, mi hijo! ¿Qué te hace pensar que te puedes casar nada menos que con mi mamá?
El niño: ¿Y por qué no, papá? ¡Tú te casaste con la mía! ¿O no?

El perro de un peluquero solía estar siempre muy atento al trabajo de su dueño.
En cierta ocasión, un cliente le comentó al peluquero:
—A su perro le gusta mucho ver cómo corta usted el pelo, ¿verdad?
—¡Oh, no es eso exactamente! —respondió el peluquero—. ¡Lo que sucede es que hay veces en que se me pasa la mano y le corto a algún cliente un pedacito de oreja!

Dando de tumbos, dos borrachitos caminaban sobre la vía del tren. Uno de ellos le dijo a su compañero:
—¡Nunca vi tantos escalones en mi vida!
—No son los escalones los que me molestan —respondió el otro—, ¡sino el pasamanos que está tan bajo!

Un hombre entró en una cantina con un pato en los brazos. El cantinero, sorprendido, le dijo:
—Pero, ¿qué andas haciendo con un cerdo?
El hombre, muy indignado, le contestó:
—¡No sea usted estúpido! ¿Qué no ve que es un pato y no un cerdo?
El cantinero lo miró fijamente y le contestó:
—¡No hablaba con usted, sino con el pato!

1er acto: Un ganzo llamando a su esposa.
2do acto: Un ganzo llamando a su esposa.
3er acto: Un ganzo llamando a su esposa.
¿Cómo se llamó la obra?
Venganza.

Dos niños platicaban acerca de sus papás:
Niño rico:
—¡Mi papi es muy rico, ¡es dueño de un periódico!
Niño pobre:
—¡Huy, eso no es nada! ¡Mi papi es dueño de un puesto de periódicos y además tiene revistas!

En el departamento de cunas de una maternidad, dos bebés recién nacidos platicaban lo siguiente:
—¿Sabes? —dijo el primero—, yo soy niño...
—No lo creo —respondió el otro.
—¿Ah, no? —exclamó el primero en tono desafiante—. Espera a que se vaya la enfermera y te voy a enseñar...
Tan pronto salió la enfermera, el bebé comenzó a patalear fuertemente la cobija hasta que se descubrió por completo.
Levantando los pies, se dirigió a su compañero y le dijo: —¿Ya ves...? Tengo zapatitos azules.

Estaba la mamá mostrándole el álbum fotográfico de la familia a su hijo de nueve años:

—Y este joven que está contigo en la playa, el de pelo chino, que se ve tan guapo y tan fuerte, ¿quién es? —preguntó el niño—.

—¡Es tu papá, hijo! —contestó la madre—. Esa foto la tomé justamente el día que nos conocimos.

—¿Este joven es mi papá? —volvió a preguntar el niño—. Entonces, ¿quién es ese viejo gordo, feo y calvo que ahora vive con nosotros?

Hacía cosa de media hora que un avión había salido hacia Londres cuando, de repente, el capitán piloto empezó a reír histéricamente. Uno de los viajeros le preguntó:

—¿Qué le pasa, capitán, por qué se ríe de esa manera?

—¡Porque me estoy imaginando lo que dirán en el manicomio cuando descubran que me escapé!

La señora Godínez se quejaba amargamente con su marido:

—¡Ay, Juan! ¡Mira los andrajos con que ando vestida! ¡Si ahorita viniera alguien a visitarnos, pensaría que yo soy la cocinera!

—Sí, sí, mujer, ¡pero te aseguro que cambiaría de opinión si se quedara a cenar!

El matrimonio Salinas siempre estaba pendiente de sus vecinos. En una ocasión, la señora Salinas se quedó viendo con gran interés a sus nuevos vecinos, observando la serie de atenciones que el esposo le brindaba a su joven y atractiva esposa. Esa noche, le comentó a su marido:

—Vidita, nuestro nuevo vecino, el señor González, es muy atento con su esposa. Siempre le trae flores, le da regalos y la besa cada vez que llega o sale de casa. ¿No podrías tú hacer lo mismo?

—Pero, mi vida, ¡si apenas la conozco!

—¡Ay, José, la nueva sirvienta es una ladrona! ¡Se robó dos toallas! —exclama indignada la esposa.

—¿Cuáles toallas, querida? —pregunta el esposo.

—¡Las que nos trajimos del hotel la última vez que fuimos a Acapulco!

La señora: —Oye, Petra, ¿ya le pusiste agua a los pececitos?

Petra: —¿Eh?

La señora: —¡Te pregunté que si ya le pusiste agua a los pececitos!

Petra: —¡Ah! No, siñora, todavía no se han acabado la de ayer.

Un amigo a otro amigo:

—Y tú, ¿bebes con mucha frecuencia?

—Pues, a veces, ¿y tú?

—No, yo solamente bebo en dos ocasiones: cuando estoy solo y cuando estoy acompañado.

Esposa: —¿No se te hace que Lolita se viste como toda una dama?

Esposo: —Pues no lo sé, mujer. Nunca la he visto vestirse...

Atraído por el letrero de un pequeño restaurante que anunciaba "Verdadera comida casera", un parroquiano se dirigió a desayunar allí.

La mesera le sirvió con el pelo lleno de rulos, el café que le llevó estaba frío y el pan tostado se lo llevó ¡bien quemado!

Lo siguiente es lo que opinan algunas gentes hoy día:
La educación sexual no se debe impartir en las escuelas, ¡a menos que los maestros quieran aprender algo!

Preguntas que algunos se formulan:
—¿Por qué será que las recetas de los médicos son siempre tan difíciles de leer, mientras que sus estados de cuenta son siempre perfectamente legibles?

Era una señora tan escrupulosa, pero tan escrupulosa, que todas las mañanas, al salir, cerraba su casa con triple llave, porque tenía miedo de que un ladrón se introdujera en ella y encontrara las camas sin tender.

Una mujer a otra mujer:
—Te digo que los hombres son muy injustos con las mujeres. Por ejemplo, cuando un hombre comete una tontería, todo el mundo exclama:
—¡Qué tipo tan tonto!
—Pero si es una mujer la que comete una tontería, todos dicen:
—¡Qué tontas son las mujeres!

Dos nanas iban conversando en el parque, mientras paseaban a unos bebés en sus carreolas:

—¿Vas a ir al baile esta noche? —preguntó una de ellas.

—Me encantaría —respondió la otra—, pero francamente me da miedo dejar al bebé solo con su mamá.

Roberto (suspirando):

—Ojalá tuviera dinero suficiente para comprar un elefante.

Simplicio (intrigado):

—¿Y se puede saber para qué diantres quieres un elefante?

Roberto:

—El elefante no lo quiero, lo que quiero es el dinero...

Una encopetada señora de la alta sociedad acudió a un especialista:

—Dígame, doctor, ¿cuánto me costaría hacerme cirugía plástica en la cara?

—Cincuenta mil pesos, señora —respondió el médico.

—¡Ay, doctor! ¿Acaso no hay algo más económico?

—Sí, señora, puede usted comprarse un velo.

Definición

Optimista: Individuo que, al ser perseguido por un tigre feroz hasta la copa de un árbol, agradece la oportunidad que esta situación le brinda de tener una mejor vista de los alrededores.

1er acto: Una mujer tiene 25 hijos.
2do acto: La misma mujer tiene otros 25 hijos.
3er acto: La misma mujer tiene 50 hijos más.
¿Cómo se llamó la obra?
Parisién.

Office boy: —Estoy seguro de que mi patrón la atenderá de inmediato, señorita. Él siempre tiene tiempo para las muchachas bonitas.
Señora: —Dígale entonces que acaba de llegar su esposa.

Mientras miraba la televisión en la sala, la señora de la casa oyó un estrepitoso ruido que provenía de la cocina:
—¿Más platos, Petra? —preguntó sumamente contrariada.
—No, siñora, ¡menos!

—Oye, papá —preguntó Pedrito en la mesa mientras comía con su familia—, ¿son sabrosas las cucarachas?
—¡Claro que no! —contestó el papá bastante molesto—. ¡Esas preguntas no se hacen a la hora de la comida, Pedrito!
—¡Es que vi una en tu ensalada, papá; pero ya no está!

Había una mujer tan, pero tan buena ama de casa, que cada vez que su esposo se levantaba a media noche para ir al baño, ¡tendía la cama!

Momentos antes de que despegara el avión, la aeromoza anunció por el altavoz a los pasajeros:
—Las gomas de mascar que les acabamos de repartir son para evitar que sientan una fuerte presión en los oídos cuando estemos a gran altura.
Poco antes de que el avión llegara a su destino, un pasajero se dirigió a la aeromoza y le preguntó:
—Señorita, ¿ahora me hace el favor de explicarme cómo me saco la goma de mascar de los oídos?

Después de registrarse en un hotel, un hombre se dispuso a dormir. Era una de esas personas a quienes les cuesta mucho trabajo conciliar el sueño. Cuando ya se encontraba profundamente dormido, se escuchó un fuerte golpe en la puerta.

—¿Quién es? —preguntó sobresaltado.

—Señor, tenemos un paquete para usted en la administración.

—¡Caramba! ¿Qué no pueden esperar hasta mañana? —exclamó el huésped sumamente enfadado.

El mensajero se retiró. Después de un largo rato y cuando el hombre nuevamente había logrado dormirse, se escuchó otro fuerte golpe en la puerta.

—¿Y ahora qué diablos pasa? —gritó iracundo.

—¡Nada, señor, le venía a avisar que el paquete no es para usted!

Se escucha la voz de la aeromoza:

—Señores pasajeros, pueden desabrocharse sus cinturones, hemos llegado...

Minutos después, despedía a cada uno de los pasajeros que descendían del avión, cuando, de pronto, vio asombrada que uno de ellos caminaba arrastrando sus pantalones. —¡Válgame, señor Flores! ¡Les dije que se desabrocharan los cinturones... pero los de seguridad!

—¿Sabes qué le dijo la zorra al jaguar?
—No, no sé.
—Pues le dijo: "Jaguar yu, ay am zorry".

Era tan mal,
pero tan mal jardinero,
que nomás se la pasaba regándola.

El entrenador del equipo de futbol le pregunta
a su asistente:
—¿Y para qué trajo aquí a Robin Hood?
—Porque usted me pidió que le consiguiera un
buen arquero.

1er acto: Sale un nabo.
2do acto: Sale un león.
3er acto: Aparece parte de una boina.
¿Cómo se llamó la obra?
Naboleón Boinaparte.

Anuncio en una cantina:
"Si bebe para olvidar, pague por adelantado".

—A ver, Juanito, ¿qué le hizo la reina Isabel la Católica a Cristóbal Colón?
—Pues verá, maestra, no lo recuerdo muy bien, pero creo que lo agarró a Palos por irse de Pinta con la Niña a Santa María...

Después de bajar de su nave, un marcianito se dirige a una casa cercana y toca el timbre. Al llamado acude la sirvienta Paz Guata. En cuanto ésta abre la puerta, el marcianito, presentándose, le dice lo siguiente:
—Vengo de Marte...
—¿De marte de quién?

—¡Hola, Gustavo! ¡Cuánto tiempo sin verte! ¿Y qué me cuentas de aquella ruca desabrida con la que salías?
—Me casé con ella.
—¡Caray, mano, perdona mi error!
—No te disculpes, el error fue mío.

Una trabajadora social le pregunta a la señora Sánchez:
—Y dígame, ¿cuántos hijos tiene, señora?
—Tengo dos, más uno que viene en camino.
—Pero si no se ve que esté embarazada.
—No, viene en camino porque lo mandé por las tortillas.

En la zapatería:
—¿Tiene zapatos de cocodrilo?
—¿De qué número calza su cocodrilo?

Ese abogado es tan malo,
pero tan malo,
que ya hasta perdió el juicio.

—¿Qué le dijo una mosca a un calvo?
—Por favor no te agaches, porque me resbalo.

—¿No sabes qué es bueno para la caída del
cabello?
—La resina.
—¿La resina de árbol?
—No, la resina-ción...

Era un tipo tan,
pero tan amargado,
que cuando chupaba un limón,
éste era el que hacía gestos.

El psiquiatra le dice a su paciente:
—Pues bien, señor Jiménez, el tratamiento ha terminado. Supongo que ahora ya no siente que tiene enemigos imaginarios.
—No, ya no, doctor. Desde que estoy con usted, todos mis enemigos son reales.

Un tipo le decía a su compadre:
—La verdad, compadre, yo no entiendo a la gente.
Si a cualquier persona le dicen que este año la Selección Nacional de Futbol sí ganará el campeonato, o que en el Congo nació un niño con cara de tigre, esa persona se lo creerá. Pero si ponen en una banca un letrero que diga "pintura fresca", todos pasarán el dedo por encima para ver si es cierto.

En el consultorio:
—Dígame, doctor, ¿cómo puedo conservar el poco pelo que me queda?
—Muy sencillo, consígase una cajita.

Un amigo a otro:
—¿Sabías que Aparicio está en el hospital?
—Pero, ¿cómo? ¡Si apenas anoche lo vi bailando muy acarameladito con una rubia despampanante!
—Es que su esposa también lo vio.

Un caballero entra a una florería en la que hay un letrero en donde se lee "Dígalo con flores".
—Por favor, señorita, mande una flor a esta dirección.
—¿Sólo una?
—Sí, yo soy hombre de pocas palabras.

Un argentino, de turista en la ciudad de México, toma un taxi y le pide al chofer que lo lleve al mirador que está en la carretera vieja a Cuernavaca. Al cabo de un buen rato, el taxista, un poco molesto ya de tanto esperar y también con cierta curiosidad, le pregunta al argentino:
—¿Podría decirme qué tanto mira el señor?
—Ché, estoy viendo cómo se ve tu ciudad sin mí.

—Mamá, mamá, ¿puedo repetir helado?
—¡Claro, hijo! A ver, repite conmigo: he-la-dooo.

—En un campeonato de ajedrez, ¿cómo se puede saber si un jugador es gallego?
—Es el único que revuelve las piezas.

—¿Por qué los perros gallegos tienen el hocico más chato?
—Por perseguir carros estacionados.

1er acto: Pasa un chicle en una moto.
2do acto: Pasa otra vez el chicle en la moto.
3er acto: Pasa el mismo chicle en la moto.
¿Cómo se llamó la obra?
La motochicleta.

—¿Cómo se puede saber si un gallego ha usado la computadora?
—Porque la pantalla tiene manchas de corrector.

—¿Por qué se abanican los gallegos con un serrucho?
—Porque les han dicho que el aire de la sierra es más sano.

Están a punto de fusilar a un gringo, a un francés y a un gallego.

Cuando al gringo le toca el turno de ser ejecutado, grita con todas sus fuerzas:

—¡Terremoto, terremoto!

Entonces el pelotón de fusilamiento se dispersa y el gringo se escapa.

Cuando le toca al francés el turno de ser ejecutado, grita con todas sus fuerzas:

—¡Huracán, huracán!

Entonces el pelotón de fusilamiento se dispersa y el francés se escapa.

Cuando le toca al gallego el turno de ser ejecutado, grita con todas sus fuerzas:

—¡Fuego, fuego!

Un amigo a otro amigo:

—¿Y tú nunca tienes diferencias de opinión con tu esposa?

—Claro; muchas veces.

—Entonces, ¿cómo es que nunca discuten ni pelean?

—Es cuestión de tacto, mi querido Ruperto. Primero dejo que ella exponga sus opiniones, y luego yo me guardo las mías.

—Pues mira, Joaquín, lo bueno de que ahora seas calvo es que tienes menos pelo que peinar...
—Pues sí, mano, pero tengo más cara que lavar.

Dos tipos están a punto de enfrentarse en un duelo. Uno de ellos exclama:
—Pero, ¡cómo! Este estuche solamente trae una pistola.
El rival le responde:
—No se preocupe... Primero tiro yo y luego usted.

—¡Rrrrrriiiinnnng!
—¿Habla Dora?
—¡Habladora será su abuela!

—¿No sabes por qué ha llovido tanto últimamente?
—Sí, es por culpa de los cieguitos. A cada rato están diciendo: "¡Ay, si lloviera; ay, si lloviera!

Un gallego llega a una papelería y le pide al dependiente que le dé un sobre redondo, porque tiene que enviar una circular.

1er acto: Juan Díaz cae del noveno piso.
2do acto: Roberto Díaz cae del noveno piso.
3er acto: Andrés Díaz cae del noveno piso.
¿Cómo se llamó la obra?
Los días pasan volando.

El mesero le pregunta al comensal:
—¿Vino blanco, señor?
—No, no vino el señor Blanco.

Juliancito le pregunta al carpintero:
—¿Qué está haciendo, señor?
—Pues aquí, meneando la cola...
—Debe estar usted muy contento, ¿no?

Llega Pedrito a quejarse con su mamá:
—Oye, mamá, Jaimito me dijo "bruto".
—No le hagas caso, hijo; él no hizo mas que repetir lo que todos dicen.

En la escuela, un alumno le pregunta a otro que es hijo de un gángster:
—Y dime, ¿por qué quieres matar al maestro?
—Porque "sabe demasiado"...

—Explícame cómo fue que tu primo se hizo rico pelando papas.
—Es que los pela en el Vaticano.

Madre angustiada:
—¿Qué puedo hacer, doctor?
Mi hijo se tragó el reloj.
—Pida la hora al 030.

Después de bastantes años de casados, la esposa le dice al esposo:
—Mira a esos recién casados: siempre están abrazándose y besándose; él la llena de mimos y de regalos. ¿Qué no podrías tú hacer lo mismo?
—Pues sí podría, pero de seguro el tipo se molestaría.

—Doctor, pese a su tratamiento sigo teniendo los dientes cafés. ¿Qué me recomienda?
—Póngase camisas del mismo color para que hagan juego.

¿Por qué los argentinos salen a la calle cuando hay relámpagos?
Porque dicen que Dios los está fotografiando.

Varios pasajeros van en un tren y por la ventana miran un rebaño de ovejas. Entonces, un argentino dice muy ufano:

—Hay 12 459 ovejas.

Los demás, asombrados, le preguntan que cómo lo supo y el argentino les responde:

—Muy fácil, sumas las patas y las divides entre 4.

Durante la inauguración de los juegos olímpicos en Galicia, el gobernador empezó su discurso diciendo:

—O, O, O.

Su ayudante se acercó a él y le dijo con mucha discreción que lo aros no debían leerse.

—Papá, ¿por qué dices que los gringos son como Dios?

—Porque están en todos lados y nadie los puede ver.

—Oye, Carlos, ¿por qué a ese que se cree muy galán le dicen "El Piloto"?

—Porque a cada rato las chicas lo mandan a volar.

El maestro le pide a su alumno:
—A ver, Andrés, dame la clase de ayer.
—Pues mire, profesor: Hay tablas de pino, de encino, de caoba, otras tienen nudos o resina, o están veteadas...
—Pero, ¿qué dices?
—Lo que nos dejó de tarea. ¿Acaso no nos pidió que memorizáramos "las tablas"?

—¿Cuál es el colmo de Pinocho?
—Que no tuvo "madera de estudiante".

Luisito le dice a Juanito:
—¿Qué es eso?
—Es queso.
—No es cierto, es un chocolate.
—Si sabes, ¿para qué preguntas?
—Porque pensé que no querías darme.
—Adivinaste...

—¿Y a qué se debe que ande tan sonriente tu tío el gruñón?
—Te equivocas. No es que ande sonriente. Lo que sucede es que le quedó grande su nueva dentadura.

El químico va a la farmacia y pide al dependiente:
—Me da un fenil butil tricepaconil carbo-aminoácido...
—O sea, ¿una aspirina?
—¡Sí, eso! ¡Ah, cómo se me olvida esa palabreja!

En el restaurante:
—¡Oiga, mesero! ¡Hay una mosca en mi sopa!
—Ah, ¿qué no le gustan? Como ayer se comió tres...

—Oye, mano, ¿por qué dices que tu carro es de primera, si está bien carcacha?
—Pues por eso. Es de primera porque no le entra la segunda.

Diálogo entre caníbales:
—¿Qué te pareció mi mamá?
—Pues, como que le faltó sal...

1er acto: Una gorda con una pistola.
2do acto: La misma gorda con una escopeta.
3er acto: La misma gorda con una ametralladora.
¿Cómo se llamó la obra?
Se armó la gorda.

El maestro le pregunta a Dorita:
—A ver, niña, si Cuauhtémoc viviera,
¿qué le preguntarías?
—Pues que cómo le hizo para vivir tantos años.

Otro pequeño diálogo entre caníbales:
—Dime, Bunbunga, ¿por qué estás repite y repite?
—Ay, Burundanga, creo que me comí un tartamudo.

Están dos loquitos junto a una alberca:
—Oye, Lorenzo, dime por qué te ves tan triste.
—Es que le eché una cucharadita de azúcar al agua de la alberca y no se endulzó. ¿Por qué no la pruebas?
Leocadio prueba el agua y le dice a su compañero:
—No está dulce porque no la removiste bien, Lorenzo.

El jefe de personal le pregunta al que solicita empleo:
—Y dígame, ¿qué sabe hacer?
—Nada, señor.
—Lo siento, ya tenemos gerente.

—Oye, Rosita, ¿qué estudia tu hermano en la Universidad?
—Nada, lo estudian a él.

Julia, la recién casada, viendo que su marido hace pucheros para comer, le pregunta:
—¿Pero qué pasa, cielito? ¿No te gustó el guisado que te preparé? Si lo hice con receta...
—Sí, pero con "receta médica".

—¿Por qué los de Monterrey nunca se confiesan?
—Para no quitarse "un peso de encima".

Era tan,
pero tan haragán,
que cuando ganó un concurso sobre haraganería, pidió que le mandaran el premio.

Anuncio en una casa de campo:
"Cambio gallo que canta a las cinco por uno que cante a las seis".

Era tan gorda, pero tan gorda, que cuando se despedían de ella le decían:
"Hasta pasado marrana"...

Otra era tan flaca, pero tan flaca, que tenía que pasar tres veces por el mismo lugar "para hacer sombra".

—No hay duda de que Roberto tiene un sexto sentido.
—Sí, lástima que le falten los otros cinco.

1er acto: Un té solo en una isla.
2do acto: Un té solo en una isla.
3er acto: Un té solo en una isla.
¿Cómo se llamó la obra?
La isla del té-solo.

—¡Qué milagro, doctor Zote! ¿A qué se debe que visites mi consultorio?
—Pues, verás, mi querido doctor Zillo, es que últimamente me he sentido mal y he venido a que me recetes.
—¿Y por qué no te recetas tú mismo?
—Es que yo cobro muy caro.

—Oiga, comadre, hace tiempo que no me habla mi compadre. ¿No sabe a qué se debe?
—Es que se murió hace dos meses.
—Ah, menos mal, yo pensé que estaba enojado conmigo.

—Oye, Abelardo, ¿por qué usas esa pipa tan, pero tan larga?
—Es que el doctor me ordenó que me retirara del tabaco.

Un invitado, al despedirse:
—Gracias por invitarme, hace tiempo que no comía tan bien como hoy,
Y el niño de la casa comenta:
—Pues nosotros tampoco.

Anuncio pegado en una escuela:
"Se dan clases de Hortografía".

A la hora de la comida, dos oficinistas se acercan a un restorán:
—Pero, Susanita, no tiene caso que entremos aquí.
—¿Por qué no?
—Porque ahí dice "se habla inglés", y ni tú ni yo lo hablamos.

—Hoy me hablaron de usted varias personas.
—¿Quiénes?
—Las que no me hablan de tú.

Un presidiario a otro:
—Oye, Toribio, ¿por qué tus familiares nunca vienen a visitarte?
—Pues porque todos están aquí.

—El otro día fui al cine y salí de ahí horrorizado.
—¿Por la película?
—No, por el precio de las palomitas.

1er acto: Se ve el toro, la arena y el torero.
2do acto: Se ve el toro, la arena, el torero y el cartero.
3er acto: Se ve la arena, el torero y el toro llorando en una esquina.
¿Cómo se llamó la obra?
La carta delatora.

—Pero, ¿qué haces, Petra, con la oreja pegada a la puerta?
—Es que yo toco la puerta de oído, señora.

A fin de evitar accidentes en las piscinas de Galicia, el gobernador dio la orden de que todas estén llenas de agua.

Dos gallegos leen en una revista que los zapatos de cocodrilo son duraderos y de gran elegancia, así que ambos se van a cazar cocodrilos al África.
Después de haber cazado cerca de cincuenta, uno de los gallegos le dice al otro:
—¡Otro más que cazamos sin zapatos! ¡Se acabó, Venancio, yo me regreso a Galicia!

Una mujer le dice a otra:
—Yo no me veo en el espejo todos los días.
—¡Pues qué masoquista eres!

Al teléfono:
—Oiga, ¿ya llegaría Julio?
—No, apenas estamos en junio.

Óscar a Manuel:
—Fíjate que me dieron un empleo de planta.
—¿Y te va bien?
—Pues sí, pero lo malo es que me riegan todos los días.

—Ayer tuve un disgusto muy fuerte con mi mamá.
—¿Y qué piensas hacer?
—Volver a casa de mi marido.

—María, ¿por qué no le pusiste cubiertos a nuestro invitado?
—Como usted dijo que comía como un cerdo, pensé que no le harían falta.

—¿A poco le diste cien pesos de propina al del estacionamiento?
—Sí, ¡pero mira nada más qué carrazo me dio!

—¿Y qué tal te salió el perro guardián que compraste?
—¡Excelente! Lo malo es que ahora ya no deja entrar a nadie en la casa, ni siquiera a mí.

—¿Cómo está tu mujer?
—¿Comparada con quién?

—¿Cómo se reconoce a un gallego en una pelea de gallos?
—Es el único que lleva un pato.

—¿Y cómo se reconoce a otro gallego en esa misma pelea de gallos?
—Es el único que le apuesta al pato.

—¡Ay, hijo, nunca creí que tus estudios me saldrían tan caros!
—¡Y eso que soy de los que menos estudian, papá!

—No sé por qué te ríes del chiste que acabo de contar en alemán, si tú no sabes alemán.
—Es que te tengo confianza.

Una dama automovilista le dice a su acompañante:
—Abróchate bien el cinturón que voy a estacionarme.

—¿Tú qué haces cuando te dan buenos consejos?
—Se los paso a otros, porque a mí nunca me sirven.

—Le compré un reloj a mi hijo.
—¿Qué marca?
—La hora.

—¿Y a ti qué es lo que más te gusta de la ópera?
—El intermedio.

—¡Huy, qué máscara tan fea te pusiste! Mejor quítatela.
—Si no traigo máscara...
—¿Ah, no? Pues entonces ponte una.

El cliente le pregunta al agente de bienes raíces:
—Oiga, ¿y esta casa tiene buena vista?
—Claro, sobre todo si mira usted hacia arriba.

Y ahora una receta de comida africana:
"Primero caza usted un antílope, y luego lo prepara a su gusto".

—¿Cuál es el colmo de un futbolista?
—Vivir de la patada.

La mujer le dice al marido:
—Pepe, ahora que nazca nuestro segundo hijo, tendremos que mudarnos a una casa más grande.
—Después de oír lo que su mamá acaba de decir, Pepito, el primogénito, comenta lo siguiente:
—No tiene caso, de todos modos nos seguirá.

Dos amigas se encuentran en el supermercado:
—¡Hola, Lupita! ¡Cuánto tiempo sin vernos!
—Sí, desde que el arroz estaba a cuatro pesos el kilo.

1er acto: Benito.
2do acto: Benito con un tomate.
3er acto: Benito, el tomate y una cámara fotográfica.
¿Cómo se llamó la obra?
Beni tomate la foto.

Escrito en la parte posterior de un camión de carga:
"¡Cuidado! Si ves que estas letras se agrandan, es que voy para atrás".

En una reunión, una mujer le dice a otra:
—Me han hablado tanto de usted, que me muero por conocer su propia versión.

—Mi cirujano solamente opera en caso de necesidad.
—O sea, ¿cuando el enfermo necesita que lo operen?
—No, cuando el cirujano necesita dinero.

Cuando un gallego necesita enviar un fax confidencial, lo manda doblado.

Un campesino gallego le dice a su hijo:
—Arranca el tractor.
El hijo le responde:
—No sabía que lo habías plantado.

—¿Por qué las jirafas tienen las patas tan largas?
—Porque si las tuvieran más cortas no le llegarían al suelo.

Un gallego escucha sonar las campanas de la iglesia y otro gallego le pregunta:
—¿Qué hora es?
—La una —responde.
—¿Estás seguro? —pregunta el otro.
—Por supuesto, la escuché tocar dos veces.

¿Qué diferencia hay entre un gallego y una vela?
La vela es más brillante.

¿Por qué guardan los gallegos una botella vacía en el refrigerador?
Por si vienen invitados que no beben.

—Mamá, dice mi papá que ya es hora de irnos al teatro. ¿Nos ponemos guantes o nos lavamos las manos?

¿Qué le dijo un globo a otro globo?
I glob your.

—¿Qué tal tu nueva secretaría?
—Su ortografía es pésima. Menos mal que no sabe escribir a máquina.

1er acto: Una monja.
2do acto: La misma monja.
3er acto: La misma monja, pero en prisión.
¿Cómo se llamó la obra?
Sor presa.

—¡Ay, cariño, hay una víbora en la sala!
—No, mi vida, no hay ninguna víbora, es una manguera.
—De todos modos llama al médico, porque la manguera acaba de morder a tu mamá.

De noche y en un barrio tenebroso, un policía le dice a una muchacha que va sola:
—Permítame que la acompañe, señorita.
—Se lo agradezco, pero no tengo miedo.
—¿No tiene miedo? Entonces le pido que por favor me acompañe a mí.

—Joven, le aviso que queda expulsado ahora mismo del club por haberse hecho pipí en la alberca.
—Pero si no soy el único, otros lo han hecho antes.
—Sí, pero nunca desde el trampolín.

—Como no me quedaba nada de queso en el refrigerador, puse en la ratonera un trozo de queso dibujado.
—¿Y qué pasó?
—Pues que esta mañana encontré en la ratonera un ratón dibujado.

El padre a su hija casadera:
—¿Y el joven con quien sales tiene dinero?
—¡Qué curioso! Él me preguntó lo mismo sobre ti.

1er acto: Una bella princesa llamada Dur le miente a su padre.
2do acto: La princesa Dur le miente a su madre.
3er acto: La misma princesa Dur le miente a su hermano.
¿Cómo se llamó la obra?
La bella Dur miente.

La maestra al alumno:
—Juanito, si tienes diez pesos y le pides a tu mamá otros diez, ¿cuántos pesos tendrás en total?
—Diez pesos, maestra.
—¡Pero, Juanito, si no conoces ni la aritmética elemental!
—Y se ve que usted no conoce a mi mamá.

Un joven estudiante fue a buscar un empleo a fin de poder pagarse el viaje de fin de cursos.
—Y dime, Pedro, ¿conseguiste el trabajo?
—Sí, profesor. Me preguntaron que cómo trataría a un cliente airado, y yo les respondí que igual que a cualquier otro.
—Una respuesta muy sensata. Te felicito, Pedro.
—Por cierto, profe, ¿qué quiere decir "airado"?

En la clase de Física:
—A ver, Rosita, completa el principio de Arquímedes: "Cuando un cuerpo se sumerge en un líquido..."
—¿Suena el teléfono?

Un gallego en el consultorio del médico:
—Doctor, doctor, que me siento mal.
—¡Caramba, pues siéntese bien! le dice el doctor.

—¿Cómo se puede saber si un conductor con una llanta ponchada es un gallego?
Porque es el único que desmonta las cuatro llantas para averiguar cuál de todas está ponchada.

En el aeropuerto de Galicia hay un letrero en el que se lee lo siguiente:
"Favor de no poner migas de pan en la pista de aterrizaje, los aviones bajan solos".

Los gallegos se ponen felices cuando terminan un rompecabezas en siete u ocho meses. La razón es que en la caja dice "para dos a tres años".

La maestra en la clase de Español:
—Ayer les pedí que de tarea hicieran una pequeña composición basada en la frase "Madre sólo hay una". A ver, Luisito, lee la tuya.
—El jueves me sentí mal del estómago y mi mamá me preparó un té de canela. Madre sólo hay una.
—Muy bien, Luisito. Ahora escuchemos la tuya, Lupita...
—Mi mamá prepara unas milanesas que están de rechupete. Madre sólo hay una.
—Muy bien, Lupita. Ahora te toca a ti, Quique.
—Mi mamá me pidió que le llevara dos revistas que estaban encima de la mesa y yo le dije: "Madre, sólo hay una".

La abuela con su nieto:
—Y dime, mijito, ¿te gusta la escuela?
—A veces, abuelita.
—¿Cuándo?
—Cuando está cerrada.

El director al alumno:
—Jaimito, la última vez te dije que no quería verte más por aquí. ¿Es que no te quedó bastante claro?
—A mí me quedó muy claro, señor director. Al que no le ha quedado bastante claro es al maestro.

—Dime la verdad, Martita, ¿tu papá te ayuda con la tarea?
—No, maestra, la hace él solito.

Un día de esos en que las mamás no están de muy buen humor, Panchito, al perseguir con el tenedor un escurridizo pedazo de bistec, acabó por sacarlo del plato. Entonces, su mamá le medio grita:
—¿Qué te pasa? ¿Eres tonto, o qué?
—Soy qué, mamá, soy qué.

Era un hombre tan pequeño,
pero tan pequeño,
que no le cabía la menor duda.

Mientras pasaba la procesión de un entierro,
un señor le pregunta a otro que la miraba pasar:
—¿No sabe quién es el muerto?
—¡Hombre, pues el que va en la caja!

Un preso le pregunta a otro:
—¿Y qué vas a hacer ahora que salgas?
—Abrir una tienda.
—Pero, ¿cómo, si no tienes nada?
—¿Cómo que nada? Tengo mi ganzúa.

El doctor a una paciente bastante excedida de
peso:
—Es absolutamente indispensable que se ponga
usted a dieta. Sólo verduras y agua.
—¿Y eso me lo tomo antes o después de mis
comidas, doctor?

En un restaurante, un cliente se quejaba:
—¡Oiga, mesero, tengo como media hora
tratando de partir la carne!
—No se preocupe, señor, cerramos hasta la una
de la mañana...

Era una señora que tenía la boca tan chiquita, pero tan chiquita, que para decir tres tenía que decir uno, uno, uno.

Un niño estaba llorando en la selva y alguien se acerca y le pregunta:
—¿Por qué lloras, pequeño?
—¡Es que a mi papá se lo llevó el coco, señor, el coco!
—Pero, niño, el coco no existe...
—¡El cocodrilo!

—¡Papá, papá, me vine corriendo detrás del microbús y me ahorré tres pesos!
—Piensa siempre en grande, hijo. La próxima vez vente corriendo detrás de un taxi y así te ahorrarás unos treinta pesos.

Luisito le pregunta a Jaimito:
—Oye, Jaimito, ¿es cierto que tu perro come con la cola?
—Ajá, nunca se la quita para comer.

Un chico llega corriendo a la tienda y le grita al vendedor:
—¡Deme un refresco por favor, un refrescooo!
—Está bien, pero no me grites que no estoy sordo. ¿De cuáles galletas quieres?

Había un tipo que tenía fama de ser muy mentiroso. Un día llega a casa de su vecino y le dice:
—¿Qué crees? ¡Ayer atrapé una víbora de cincuenta metros!
—¡Pero qué mentiroso eres! No hay víboras de cincuenta metros de largo.
—No, yo digo de ancho.

El niño sólo tiene cinco años de edad, pero no deja de insistirle a su mamá:
—¡Ándale, mamá, cámbiame el nombre! Yo quiero llamarme Domingo.
—¿Pero por qué quieres llamarte Domingo, hijo?
—Porque los domingos no hacemos nada.

—Un amigo mío tiene dos orejas.
—¿Y qué con eso, bobo? Todo el mundo tiene dos, ¿o no?
—¿Del mismo lado?

—¡Ay, me siento muy mal! Dime, ¿tú qué haces cuando tienes gripe?
—Estornudo y toso.

Era un señor tan tacaño, pero tan tacaño, que no salía al sol para no dar sombra.

A Julián le gustaba mucho comer plátanos, pero nunca les quitaba la cáscara, por lo cual en una ocasión Paulino le preguntó:
—¿Por qué nunca le quitas la cáscara a los plátanos?
—¡Para qué, si ya sé cómo son por dentro!

Toño le pregunta a su amigo Andrés, que es simpático pero un poco menso:
—Oye, si tu dinero se te perdió de aquel lado, ¿por qué lo buscas aquí?
—Porque de aquel lado no hay luz.

Era otro señor tan tacaño,
pero tan tacaño,
que para no gastar en corbatas se dejó crecer la barba.

—Me he dado cuenta de que únicamente los tontos dicen "Estoy seguro".
—¿A poco?
—¡Estoy seguro!

—¡Y quiero que te quede muy claro que en esta casa mando yo, Berta!
—¿Y qué con eso?
—¿Cómo y qué con eso? Pues que si no me traes agua caliente, no podré terminar de lavar la ropa.

Pepe es tan flaco,
pero tan flaco,
que si se pone de perfil parece que ya se fue.

Era un señor tan alto, pero tan alto, que tomaba pastillas contra el vértigo.

—Oiga, ¿este es el consultorio?
—No, es un dispensario.
—Ah, entonces dispense usted.

¿Cuál es el viejito más dulce?
El chochito.

¿En qué se parece una marimba a una pulga?
En que la marimba es típica y la pulga ti pica.

Un poco antes de la hora de la comida, el niño
se acerca a su papá y le dice:
—Oye, papi, quería decirte que hoy en la noche
no me esperes.
—¿Cómo que no te espere? ¿Por qué?
—Porque ya llegué.

Después de pedirle que llene una solicitud de
empleo, el futuro jefe le dice al joven solicitante:
—Verá, antes de darle el puesto solicitado,
necesito saber qué cualidades tiene.
—Bueno, pues yo no fumo, ni bebo y soy muy
trabajador, además de puntual. La verdad es
que solamente tengo un defecto.
—¿Cuál?
—Soy muy mentiroso.

¿Cómo se dice noventa y nueve en chino?
—Cachi chien.

Un hombre se dirige a uno de los empleados de la fábrica:
—¿Desde cuándo trabajas en esta fábrica, muchacho?
—Desde que me dijeron que me iban a correr si no lo hacía.

Llega Martín y le dice a su amigo Pedro:
—Vengo a invitarte a comer en la calle.
—¿En serio?
—Claro, tú sacas la mesa y yo saco las sillas.

Dos tipos de lo más perezosos, se hallaban tumbados en un parque y decían:
—¡Ay, qué hambre tengo! Ojalá que del cielo nos cayeran unos plátanos en la boca.
—Ay, sí, pero ya sin cáscara.

Un cocinero chino le decía a su patrón:
—Fíjate, patlón, que de todas las veldulas, las coles son las que más me cansan.
—¿Y por qué te cansan?
—Polque coles y coles y te cansas.

Le gusta tanto complicarse la vida que, cada vez que se pone a pelar chícharos, lo hace con guantes de box, porque si no, no tiene chiste.

1er acto: Un francés arroja una bolsa de yeso al mar.
2do acto: Un francés arroja dos bolsas de yeso al mar.
3er acto: Un francés arroja tres bolsas de yeso al mar.
¿Cómo se llamó la obra?
La mar se yesa.

Anita le dice a Dorita:
—Fíjate que tengo un perrito maravilloso. Cuando quiere, baila como hawaiana o canta como Luis Miguel.
—¿De veras?
—Sí, lo malo es que nunca quiere.

En la clase, la maestra le pregunta a Lulú:
—A ver, Lulú, ¿por qué los pájaros vuelan hacia el Sur?
—Porque tardarían más si se fueran caminando, maestra.

En una exposición de pinturas, una dama hace el siguiente comentario:

—¡Ay, pero qué cuadro tan feo!... El rostro no tiene ninguna expresión y está todo lleno de arrugas...

Uno que pasa por allí le dice:

—Perdón señora, pero lo que usted está viendo no es una pintura, es un espejo.

En el registro civil se oye el siguiente diálogo:

—¿Es usted casado?

—Sí, señor.

—¿Con prole?

—No, señor, con Chole.

—Prole quiere decir hijos.

—Ah, entonces tengo un prolo y una prola.

Una mujer y su esposo se suben a un elevador atestado, y el marido no deja de mirar a una despampanante rubia que va junto a ellos. De pronto, la rubia le lanza una bofetada al marido al tiempo que grita:

—¡Es usted un majadero! ¿Cómo se ha atrevido a pellizcarme?

Al salir del elevador, el esposo se disculpa con su mujer:

—¡Te juro que yo no la pellizqué, mi vida!

—Ya lo sé, fui yo.

Fernandito le platicaba a Toñito:
—Mi perro es bien tonto.
—¿Por qué lo dices?
—Porque cada vez que jugamos al dominó, le gano.

En otra exposición de pinturas, una pareja se detuvo frente a un cuadro de tamaño natural, en el que se mostraba a una mujer muy hermosa, completamente desnuda, con excepción de una hojita de parra colocada en un lugar muy estratégico. A la esposa la pintura le pareció de mal gusto y pasó a la siguiente, mientras que su marido se quedó mirando embobado el cuadro anterior, por lo que le preguntó:
—¿Qué esperas? ¿Que venga el otoño?

—¡Pero qué máscara tan fea te pusiste, quítatela!
—Pero si no traigo máscara...
—Pues entonces ponte una.

Un automovilista se da una vuelta prohibida y pronto le da alcance un motociclista de tránsito.
—¿Acaso no vio las flechas?
—¿Cuáles flechas? Si no vi ni a los indios.

Un hombre que vendía un periquito hablador estaba explicando lo siguiente:
—Miren, este periquito tiene dos listones, uno en cada pata. Si le jalan el rojo, habla inglés, y si le jalan el azul, habla francés.
Uno de los oyentes pregunta:
—¿Y qué pasa si le jalo los dos al mismo tiempo?
—¡Pues me caigo, baboso! —contestó el perico.

Oscarito llega al cine con su perro, pero lo detienen en la entrada:
—Un momento, jovencito, aquí está prohibido que entren los perros.
—Ándele, no sea malito, déjelo entrar. Mi perro quiere ver la película porque leyó el libro y le gustó mucho.

En su primer día de clases, el niño le pregunta a su mamá:
—Oye, mamá, ¿las escuelas son peligrosas?
—No, hijo, ¿por qué piensas eso?
—Porque acabo de ver un letrero que dice: "¡Cuidado, escuela!"

Un maestro tenía un alumno muy latoso, así que le llamó la atención diciéndole:

—¡Qué barbaridad, Alvarito! A la edad que tú tienes yo ya era un niño muy educado.

—Y a la suya mi abuelo ya era millonario, profe.

Era tan tonto, pero tan tonto, que ordenó que le construyeran tres albercas en su jardín: una para agua caliente, otra para agua fría y otra sin agua para los que no supieran nadar.

1er acto: Lito presenta examen de Matemáticas y se saca un 4.

2do acto: Lito presenta examen de Literatura y se saca un 6.

3er acto: Lito presenta examen de Geografía y se saca un 8.

¿Cómo se llamó la obra?

Mejora Lito.

Estaban dos niños muy mentirosos platicando en la escuela, durante el recreo:

—Fíjate que en las vacaciones me fui a Marte y el rey de los marcianos me invitó a comer con él.

—Sí, ya lo sé; ayer hablé por teléfono con él y me lo platicó todo.

—Oye, ¿tú crees que los tontos pueden tener hijos?
—No sé, pregúntale a tu papá.

Entre amigos:
—¿A poco tú crees que el dinero puede lograr que seamos felices?
—El ajeno, no.

El empleado al jefe:
—Le agradezco su invitación, señor Godínez, pero mi esposa no podrá ir porque tiene un niño de días.
—¡Hombre, pues que venga Díaz también!

El padre al hijo, después de ver la boleta de calificaciones:
—Ay, hijo, tus calificaciones son de lo más comunes y corrientes.
—Eso no debe causarte extrañeza, papá. Verás, tengo un maestro común y corriente, en una escuela común y corriente, y yo soy un chico común y corriente que proviene de una familia común y corriente.

A una sirvienta se le cayó al suelo toda la vajilla de porcelana de su patrona, pero como se expresaba con mucha elegancia, le dio la mala noticia a la señora del modo siguiente:
—Señora, su vajilla tenía antes treinta y seis piezas, y ahora tiene cincuenta y dos.

Un niño llega corriendo y le grita a su mamá:
—¡Mamá, mamá, el perro que me trajiste tiene plumas en el hocico!
—Ay, hijo, no seas mentiroso.
—Pero, mamá, tiene plumas en el hocico. ¡Se acaba de tragar al pajarito!

En una reunión social, alguien hace la siguiente pregunta a cierto invitado:
—Oiga, aquella persona que está junto a la puerta, ¿es hombre o mujer?
—Es mujer. Lo sé porque es mi hija.
—Oh, disculpe, no sabía que usted fuera su papá.
—No, soy su mamá.

Hablando de su primera novia, la mamá le pregunta a César, su hijo adolescente:
—Y dime, hijo, ¿por qué le gustas a esa muchacha?
—Porque le parezco fuerte, inteligente y guapo.
—¿Y ella por qué te gusta a ti?
—Por lo mismo, porque le parezco fuerte, inteligente y guapo.

El profesor de anatomía le pregunta al alumno:
—A ver, Miguel, ¿podrías decirme en cuántas partes se divide el cuerpo humano?
—En tres, profesor.
—¿Cuáles son?
—La primera, la segunda y la tercera.

Llega el cartero a la casa de Eduardito y el perro comienza a ladrarle:
—¡Niño, espanta a tu perro!
—¡Bu! ¡Buu!

En un gran almacén:
—Perdone, señorita, ¿podría decirme dónde está el departamento de niños?
—¡Ay, no, papá! Por favor no compres niños. Ya somos muchos, ¿no crees?

—Oye, mamá, ¿por qué mi papi tiene tan poco cabello?
—Pues porque piensa mucho, hijito.
—¿Y tú, por qué tienes tanto?

Unos rancheros estaban platicando acerca de sus animales y el más mentiroso decía:
—Fíjate que mi gallina todos los días pone un huevo.
—Pues la mía hace lo mismo.
—Sí, pero la mía lo pone ya frito.

1er acto: Una silla le enseña inglés a una cocina.
2do acto: La misma silla le enseña álgebra a un ropero.
3er acto: La misma silla dándole clases de geografía a las mesitas de la sala.
¿Cómo se llamó la obra?
La profesilla.

Cinco hombres presumen sobre la inteligencia de sus perros. El primero es ingeniero; el segundo, contador; el tercero, químico; el cuarto es experto en informática, y el quinto empleado público.
Para alardear, el ingeniero llamó a su perro:

—¡A ver, Escuadra, haz tu rutina!

Escuadra trotó hasta un escritorio, agarró papel y lápiz, y acto seguido dibujó un círculo, un cuadrado y un triángulo. Todos admitieron que esto era casi increíble, pero el contador afirmó que su perro podía hacer algo mejor, así que lo llamó y le ordenó:

—¡Tax, haz tu rutina!

Tax se dirigió a la cocina y regresó con una docena de galletas. Luego las dividió en cuatro pilas iguales de tres galletas cada una. Todos dijeron que eso era genial. Pero el químico afirmó que su perro podía hacer algo mejor y lo llamó:

—¡Átomo, haz tu rutina!

Átomo caminó hasta el refrigerador, tomó un cuarto de litro de leche, agarró un vaso y vació en él toda la leche sin derramar una sola gota. Todos estuvieron de acuerdo en que esto era de verdad impresionante. Sin embargo, el experto en informática estaba seguro de que podía ganarles a todos:

—¡Floppy, haz tu rutina!

Floppy fue hacia la computadora, revisó que no tuviera virus, mejoró el sistema operativo, mandó un E-mail e instaló un nuevo y divertido juego. Todos sabían que esto era algo muy difícil de superar. Entonces, los cuatro hombres miraron al empleado público y le preguntaron:

—¿Y tu perro, qué sabe hacer?

El empleado público llamó a su perro y le dijo:

—¡Haz tu rutina, Astutín!
Astutín se paró de un salto, rompió el dibujo, se comió las galletas, se tomó la leche, borró todos los archivos de la computadora, acosó a los otros cuatro perros, alegó que al hacerlo se había lastimado la espalda, puso una denuncia por condiciones insalubres de trabajo, exigió mejores salarios para los trabajadores y se fue a su casa con licencia por enfermedad de seis meses.

¿Cómo se reconoce a un gallego en una cancha de futbol?
Es el único que hace la ola con un salvavidas puesto.

Cuando los gallegos tienen frío se acercan a la estufa para calentarse. Y cuando tienen mucho, mucho frío, entonces encienden la estufa.

¿Por qué en Galicia los automóviles llevan limpiaparabrisas en el vidrio de atrás?
Por si llueve a la vuelta.

¿Por qué los gallegos no pueden marcar el número 911 de emergencia en el teléfono? Porque no han encontrado la tecla del número 11.

Un motociclista va a 150 km por hora en una carretera, cuando de pronto se encuentra de frente con un pajarito y no lo puede esquivar. Por el espejo retrovisor alcanza a ver cómo lo levanta y lo hace dar varias volteretas en el aire hasta quedar tendido en el pavimento. Lleno de remordimiento, se baja de la motocicleta para recogerlo. El pajarito estaba todo inconsciente, como muerto. Era tal la angustia del conductor que le compró una jaulita y se lo llevó a su casa, asegurándose de ponerle un poquito de pan y agua.
Al día siguiente el pajarito recobró la conciencia y, al despertar, se vio encerrado como en una cárcel y exclamó en voz alta:
—¡Cielos! ¡Maté al de la moto!

Un ladrón entró a una casa a hacer de las suyas con su linterna en la mano. Cuando se hallaba escudriñando en la cocina en busca de los cubiertos de plata, escuchó una voz que le dijo:

—Jesús te está mirando.

El ladrón se sobresaltó, apagó de inmediato la linterna y se puso a indagar de dónde salía aquella voz.

—Jesús te está mirando —volvió a escuchar.

Así que encendió de nuevo su linterna y vio entonces a un loro encerrado en una jaula que le volvió a decir:

—Jesús te está mirando.

El tipo se rió y le preguntó:

—¿Y tú quién eres?

—Soy Moisés —respondió el loro.

—¿Y quién fue el idiota que te puso Moisés?

—El mismo idiota que le puso "Jesús" al Doberman que está detrás de ti.

Una tortuguita comienza lentamente y con muchos trabajos a subirse a un árbol. Después de varias horas de esfuerzo, cuando llega a la punta, se resbala y al caer se da un terrible golpe en el suelo. Al poco rato, la misma tortuguita vuelve a hacer el esfuerzo y lentamente, trepando como puede, llega de nuevo casi a la punta, pero se tropieza y se vuelve a dar otro costalazo. Testaruda, de nuevo hace otro tremendo esfuerzo y después de largo rato y de muchos jadeos, va llegando a la punta del árbol cuando se resbala, se vuelve a caer, agita sus patitas en el aire y se da nuevamente un golpazo en el suelo. En ese mismo árbol, en el extremo de una rama, había una pareja de palomas mirándola con lástima. Entonces la paloma hembra le dice al palomo macho:

—Oye, querido, ¿no te parece que ya es tiempo de que le digamos a la tortuguita que ella es hija adoptiva?

Dos animales se acaban de conocer en el bosque:
—¿Y tú, qué animal eres?
—Yo soy un perro-lobo.
—¿Cómo que un perro-lobo?
—Sí, mi mamá es perro y mi papá es lobo, entonces yo nací perro-lobo.
—¡Ahhh!
—¿Y tú, qué animal eres?
—Yo soy un oso hormiguero.
—¡Ay, caramba!

1er acto: En una mueblería un tipo pregunta: ¿Cuánto vale esa cama de madera? Doscientos dólares, le responden.
2do acto: El mismo tipo pregunta en una mueblería: ¿Cuánto vale esa cama de latón? Trescientos dólares, le responden.
3er acto: El mismo tipo pregunta en una mueblería: ¿Cuánto vale esa cama de hierro? Cuatrocientos dólares, le responden.
¿Cómo se llamó la obra?
La máscara de hierro.

—Anita, ¿qué es un codo?
—Un gdupo de gente que canta, señodita.

El policía fue a la escuela, en donde estuvo un largo rato con los niños dándoles algunas reglas preventivas.
—Si un desconocido les pide que se suban a su coche, ¿qué deben hacer?
—¿Ponernos el cinturón de seguridad?

El profesor de inglés a sus alumnos:
—Ustedes, niños de México, son muy flojos. Ustedes estudiar poco. Yo estudiar mucho. Yo tener todas las palabras del español aquí, en la cola —decía, señalándose la cabeza.

—¡Maestra, maestra! ¡Cuando venía caminando hacia la escuela, un perro me mordió el pie!
—¿Y lo desinfectaste?
—¡Qué va! No me dio tiempo. En cuanto me mordió, salió corriendo y lo perdí de vista.

—Mamá, me duele el estómago. Hoy no quiero ir a la escuela.

—¡Vamos! ¡Levántate ya, que se te hace tarde!

—Pero tengo fiebre y me siento mal.

—¿Y qué van a pensar los niños?

—¡No me importa lo que piensen los niños!

—¿Cómo que no te importa? Eres el director y debes dar el ejemplo.

—Mamá, mamá, en la escuela me dicen el despistado.

—¿Y a mí por qué me lo cuentas, niño?

Un policía detiene a un borracho en la carretera:

—¿Me da su permiso de conducir?

—¡Con gusto, oficial! ¡Conduzca, conduzca!

Un niño llega a su casa después de salir de la escuela:

—Mamá, mamá, en la escuela me dicen sargento.

—¿Por qué, hijo?

—¡Aquí sólo yo hago las preguntas!

Un hombre y una mujer viajan juntos en el mismo vagón de un tren. Él coloca su portafolios en el portaequipaje y ella lo cambia de lugar. En eso, dice el hombre:
—Voy a tener que llamar a un psiquiatra.
La mujer, indignada, le pregunta:
—¿Y por qué va a llamar al psiquiatra?
—Porque yo locoloco y usted loquita.

—¡Cómete la sopa de fideo!
Y Fideo se quedó sin sopa.

¿Cómo le hacen los gallegos para purificar el agua?
Pues la tiran desde el tercer piso, para que se mueran todos los microbios de un jalón.

En un bar, una mujer le dice a un borracho:
—¡Borracho!
Y él le contesta:
—¡Fea!
La mujer le vuelve a decir:
—¡Borracho!
Éste la mira, sonríe y le responde:
—¡Sí, pero a mí lo borracho mañana se me quita!

—¿Saben por qué Dios creó primero al hombre y luego a la mujer?
—Porque primero se hace el boceto, y después se crea la obra de arte.

Era un hombre con tan mala,
pero con tan mala suerte,
que entró a un pajar y se clavó la aguja.

—¿Mamá, mamá, en la escuela me dicen mentiroso.
—Pero si tú no vas a la escuela.

Suena el teléfono en una casa a las tres de la mañana:
—¡Bueno! —contesta el papá muy molesto.
—¿La familia Silva? —pregunta una melodiosa voz.
—¡No, la familia duerme!

Un pececito le pregunta a otro:
—¿Y qué hace tu papá?
—Nada.

Eran unos maicitos recién casados, y cuando el novio vio desnuda a la maicita se le subió tanto la temperatura que se convirtió en palomita.

En una oficina solicitan a alguien que hable dos idiomas, y llega un individuo a solicitar el puesto:
—Oiga 'asté', vengo por lo del trabajo.
—Sí, señor, pero necesitamos una persona que hable dos idiomas.
—Pos yo hablo dos idiomas, sí, 'siñor': español y francés.
—Caray, ¿habla francés?
—Yes, yes.
—¡Pero eso es inglés!
—No 'mi diga', ¡entonces hablo tres!

—¿Cuál es el colmo de un elefante?
—Los elefantes no tienen colmos, tienen colmillos.

Llega un mortal al cielo y le pregunta a Dios:
—Dios, ¿cuánto tiempo es para ti mil años?
—Hijo mío, eso es para mí como un segundo
—contesta Dios.
—¿Y cuánto es para ti un millón de dólares?
—Eso sería como un centavo, hijo mío.
El hombre se queda pensando y luego vuelve a
preguntar:
—Dios, ¿por qué no me regalas un centavo?
A lo que Dios responde:
—Sí, cómo no, ¡espérate un segundo, hijo!

—Ayer cuando regresaba de la escuela a mi
casa, vi a un hombre con muchos globos. Con
el dinero del autobús le compré uno muy
grande y cuando lo agarré, el globo se elevó
y se elevó y me fui subiendo hasta el cielo, y
vi las casas pequeñitas, muy pequeñitas desde
arriba. Entonces el globo se empezó a
desinflar y caí justo en el patio de la escuela,
cuando estaban tocando la campana porque
ya era la hora de entrar otra vez... y por eso
no hice la tarea, maestra.

—Oiga, Elenita, si ve al profesor de música le
dice por favor que venga a verme a la oficina en
cuanto pueda.
—Sí, señor director. Y si no lo veo, ¿qué le digo?

—Es curioso el idioma inglés:
—comenta el viejo Nicanor— al libro le dicen
"buque" y al suelo le dicen "flor"

1er acto: Yo.
2do acto: Yo.
3er acto: Yo.
4to acto: Yo.
5to acto: Yo.
6to acto: Yo.
7mo acto: Yo.
¿Cómo se llamó la obra?
Las 7 maravillas del mundo.

La esposa al marido:
—¿No que hoy ibas a traer a tu jefe a cenar a
la casa?
—Te lo dije porque tenía ganas de cenar bien.

El capitán al teniente:
—Mi teniente, vamos a cavar trincheras para
cuando el enemigo ataque.
—Mejor atacamos nosotros, capitán, y que las
trincheras las cave el enemigo.

El profesor a sus alumnos en la clase de Matemáticas:
—A ver niños, si a 100 se le restan 10 cinco veces, ¿qué resultado se obtiene?
Después de un rato, dice Pedrito:
—Profe, ya lo hice cinco veces y el resultado siempre es 90.

—Querida, ¿no crees que con mi nueva peluca me veo diez años más joven?
—No, te ves diez años más tonto.

—Señor diputado, sus respuestas son siempre muy ambiguas. Siquiera por esta vez, ¿podría darnos una respuesta concreta? Díganos, por ejemplo, ¿cuál es su color favorito?
—El del arco iris.

—Mi mujer no me comprende, ¿y la tuya?
—No sé, nunca hemos hablado de ti.

—Ay, mujer, el cuello de esta camisa es tan angosto, que no puedo respirar.
—Es que metiste la cabeza en un ojal.

Dos amigas:
—Pues sí, Gloria, tu hijo tiene tus mismos ojos y la boca de su papá.
A lo que el pequeño añade:
—Y los pantalones de mi hermano.

¿Cuál es el colmo de un médico?
Que se apellide Mata Lozano.

En la biblioteca:
—Señorita, quisiera el libro "El Matrimonio Feliz".
—¿Es una obra de ficción?

—Verás, hijo, un hombre inteligente es el que dice las cosas de tal modo que todos lo entienden. ¿Me entendiste?
—No, papá.

Un mago que actuaba en un barco turístico daba una vez a la semana la misma función, ya que el público siempre era distinto. Lo malo era que el capitán tenía un loro que había visto todas las funciones y ya se sabía los trucos. "¡Está en el sombrero!", gritaba en el momento culminante del acto, o "¡Todas las cartas son ases de corazones!"

El público soltaba la carcajada y el mago se ponía furioso, pero no podía hacer nada porque el capitán estimaba mucho a su loro. No obstante, un día hubo una tempestad y el barco naufragó. El mago se salvó, pero, al volver en sí, se vio flotando sobre un madero con el loro. Así permanecieron durante varios días sin dirigirse la palabra, hasta que el loro se volvió hacia él y le dijo:

—Está bien, me rindo: ¿Qué hiciste con el barco?

—Le estoy escribiendo a Ruperto.
Pero si tú no sabes escribir.
—¿Y qué? Él tampoco sabe leer.

Un cieguito llamado Pablo se pasaba todo el día haciendo travesuras sólo para que le dijeran:
—"¡Vas a ver, Pablo!"

Un día, mientras andaba de compras, una mujer oyó una voz que le dijo:
—¡Detente, si das un paso más, morirás!
La mujer se detuvo y, acto seguido, un ladrillo cayó delante de ella y se hizo pedazos en la acera.
Poco después, cuando estaba a punto de cruzar la calle, la misma voz exclamó:
—¡Alto, no cruces ahora!
En eso, un camión de carga dio la vuelta por la esquina sin respetar la luz roja y pasó frente a ella a toda velocidad.
—¿Quién eres? —preguntó la mujer, sobrecogida.
—Soy tu ángel de la guarda. ¿Hay alguna otra cosa que quieras preguntarme?
—Por supuesto: ¿Dónde estabas el día de mi boda?

En la Comisaría:
—¿Y quién de ustedes iba manejando cuando chocaron?
—Ninguno. Todos íbamos en el asiento de atrás.

—Tengo una clientela que crece día a día.
—¿Qué vendes?
—Ropa para niños.

—Oiga, ¿podemos nadar en este lago? ¿No hay caimanes?

—No, no hay caimanes —contesta el guardia.

Y cuando los jóvenes ya se han metido al agua, añade:

—No hay caimanes porque le tienen miedo a los cocodrilos.

—Ayer entraron unos ladrones a mi estudio de pintor y estoy furioso.

—¿Por qué se llevaron tus cuadros?

—Al contrario, porque fue lo único que dejaron.

Anuncio en el programa de fiestas de un pueblo: "Gran carrera de asnos a las cuatro de la tarde. Sólo podrán participar las gentes de esta población".

—¿Y cómo fue que se accidentó?

—Ahora se lo explico: ¿Ve usted aquel precipicio?

—Sí.

—Pues yo no lo vi.

—Tuve que cambiar urgentemente la llanta de mi automóvil.

—¿Tan gastada estaba?

—Sí, ya se le empezaba a ver el aire.

—Fíjate que por poco y me ahogo: me caí a un pozo y el agua ya casi me llegaba a las rodillas.

—¿A las rodillas? Pero así no hay peligro de ahogarse.

—Sí, porque me caí al pozo de cabeza.

En el consultorio:

—Traje a mi marido para que lo examine, doctor, porque últimamente se cree aparato de radio.

—Está bien, lo voy a examinar.

—Pero no lo mueva mucho, doctor, porque se le va la onda.

La madre a su hija:

—Mira, hija, creo que sería más conveniente que le pidieras consejo a tu papá, pues él se casó mucho mejor que yo.

—Yo digo que estar durmiendo es lo mismo que estar dormido.
—¡No, hombre, cómo va a ser lo mismo! ¿Acaso es lo mismo estar chiflando que estar chiflado?

—Y dime, Adalberto, ¿por qué bebes el licor en estas copas tan grandes?
—Porque el doctor me dijo que nada de copitas.

—Mi coche es un Datsu.
—Querrá decir un Datsun.
—No, un Datsu. Es que todavía me falta pagar la última letra.

"Querida Doris: Ayer recibí tu extensa carta. Has sido muy amable al escribirme una carta tan larga. Te contestaré en cuanto haya tenido tiempo de leerla".

Una encuesta:
—Dígame, señor, ¿usted cree que la televisión llegará a sustituir al periódico?
—¡Pues claro que no, eso es imposible! Nomás trate de abanicarse o de matar una mosca con el televisor.

—Oye, Martín, traes un zapato café y otro negro.
—Sí, mano, y lo peor es que en casa tengo otro par igual.

El doctor a un paciente muy excedido de peso:
—Puede usted comer todo lo que le guste, señor Godínez, y aquí está la lista de lo que deberá gustarle.

En el bar, un amigo a otro:
—Te digo que ya no bebas más, Enrique. Ya se te ven dos bocas y cuatro ojos.

—¡Mesero, este plátano está blando!
—¡Pues dígale que se calle!

Colección Infantil

Adivina, adivinador
Susana Vallejo

Adivinanzas, juegos, canciones y pasatiempos
Liliana Marín

Carcajadas para niños
Isabel Iturbide

Cuentos clásicos para niños
(El Soldadito de plomo y 7 cuentos más)
Antología

Chistes de Pepito
León Manzo Chismoso

Chistes para niños
José Reyes

Divertidas adivinanzas infantiles
Marcela Ibáñez

Divertidas fábulas para niños
Blanca Olivas

Método de dibujo para niños
Manuel Rodríguez

Relatos de la Biblia para niños
Padre Gonzálo Luz

Colección Biblioteca Escolar

Con guía de trabajo y ejercicios

CRIMEN Y CASTIGO
Fedor Dostoievsky

CUENTOS DE TERROR
E. Allan Poe y G. de Maupassant

DORIAN GRAY
Oscar Wilde

DON QUIJOTE
Miguel de Cervantes Saavedra

FRANKENSTEIN
Mary W. Shelley

LA ILIADA
Homero

LA ODISEA
Homero

LA VUELTA AL MUNDO EN 80 DÍAS
Julio Verne

LAS MIL Y UNA NOCHES
(Los viajes de Simbad el marino)
Antología

LEYENDAS DEL MÉXICO COLONIAL
Teresa Valenzuela

MUJERCITAS
Louise May Alcott

VEINTE MIL LEGUAS DE VIAJE SUBMARINO
Julio Verne

VIAJE AL CENTRO DE LA TIERRA
Julio Verne

Colección Juvenil

ALICIA EN EL PAÍS
DE LAS MARAVILLAS
LEWIS CARROL

CINCO SEMANAS EN GLOBO
JULIO VERNE

CORAZÓN
EDMUNDO DE AMICIS

CUENTOS
HERMANOS GRIMM

CUENTOS DE LA SELVA
HORACIO QUIROGA

EL MARAVILLOSO VIAJE DE
NILS HOLGERSSON
SELMA LAGERLOFF

EL PRÍNCIPE FELIZ Y OTROS
CUENTOS
OSCAR WILDE

EL PRINCIPITO
(ILUSTRACIONES A COLOR)
ANTOINE DE SAINT-EXUPERY

EL PRINCIPITO
(EN UNA TINTA)
ANTOINE DE SAINT-EXUPERY

FÁBULAS DE ESOPO

FÁBULAS DE IRIARTE

FÁBULAS DE LA FONTAINE

FÁBULAS DE SAMANEGO

FRANKENSTEIN
MARY W. SHELLEY

HISTORIA DE DOS CIUDADES
CHARLES DICKENS

HOMBRECITOS
LOUISE MAY ALCOTT

LA CABAÑA DEL TÍO TOM
BEECHER STOWE

LA EDAD DE ORO
JOSÉ MARTÍ

LA ISLA DEL TESORO
L. STEVENSON

MEMORIAS DE MAMA BLANCA
TERESA DE LA PARRA

MITOLOGÍA GRIEGA PARA
SECUNDARIA

MOBY DICK
HERMAN MELVILLE

MUJERSITAS
LOUISE MAY ALCOTT

PLATERO Y YO
JUAN RAMÓN JIMÉNEZ

EL PRÍNCIPE FELIZ Y OTROS
CUENTOS
ÓSCAR WILDE

ROBIN HOOD
LEYENDA INGLESA

ROBINSON CRUSOE
DANIEL DEFOE

TITANES DE LA LITERATURA
INFANTL
VARIOS

Impresos Alba
Ferrocarril de Río Frío 374
Col. Agrícola Oriental
México, D.F.